In 27/1931 2

ORAISON FUNÈBRE

DE SON ÉMINENCE MONSEIGNEUR

LE CARDINAL DE PÉRIGORD.

ORAISON FUNÈBRE

DE S. E. Mᵍʳ LE CARDINAL

DE PÉRIGORD,

PRONONCÉE

DANS L'ÉGLISE MÉTROPOLITAINE DE REIMS,

le 8 janvier 1822,

ET LE LENDEMAIN,

DANS L'ÉGLISE DE SAINT-REMI,

Par un Prêtre de la Mission de France,

LORS DE LA TRANSLATION DU CŒUR DE CE PRÉLAT A REIMS.

PARIS,

IMPRIMERIE DE COSSON, RUE GARENCIÈRE.

Mars 1822.

Monsieur l'abbé Frayssinous avoit eu la bonté de promettre à Monseigneur l'archevêque de Reims d'aller prononcer l'oraison funèbre de S. E. Monseigneur le cardinal de Périgord dans sa métropole; mais les circonstances ne le lui ayant pas permis, Monseigneur a prié, peu de jours avant son départ, un jeune missionnaire de la congrégation de France de vouloir bien y suppléer; ce missionnaire s'est rendu à l'invitation du prélat. Il n'avoit pas l'intention de livrer à l'impression un discours qui avoit été comme improvisé; cependant on n'a pas cru devoir priver le public du nouveau tribut d'hommages rendu à un illustre prélat qui laisse de si grands exemples à imiter.

ORAISON FUNÈBRE

DE SON ÉMINENCE MONSEIGNEUR

LE CARDINAL DE PÉRIGORD,

PRONONCÉE

DANS L'ÉGLISE MÉTROPOLITAINE DE REIMS.

———

Ubi enim est thesaurus tuus, ibi est cor tuum.
Là où est votre trésor, là aussi est votre cœur.
(S. MATTHIEU, C. 6, V. 21.)

MONSEIGNEUR, telles étoient les paroles sacrées dont vous faisiez naguère une si belle application dans la lettre touchante que vous adressiez au troupeau devenu l'objet de votre plus tendre sollicitude ; paroles que j'aime à rappeler aujourd'hui dans l'importante cérémonie qui nous rassemble au pied des autels.

S'il est vrai, comme nous ne pouvons en douter d'après

l'expression de l'éternelle vérité, que là où sont les sentimens les plus vifs de notre amour, là aussi doit être notre cœur, qui ne voit que ce devoit être au milieu des habitans de cette illustre cité que devoit venir se reposer le cœur qui les avoit toujours si tendrement aimés ? *Ubi enim est thesaurus tuus, ibi est cor tuum.*

Les affections les plus tendres de son ardente charité ont-elles cessé jamais de se reporter vers un peuple dont il fut forcément séparé de corps, mais auquel il étoit toujours demeuré inséparablement uni de cœur et d'esprit ?

Ni les persécutions violentes, ni la longueur d'un pénible et douloureux exil, ni les honneurs dont le monarque lui-même daigna le combler, ni la gloire attachée à la pourpre romaine dont il fut revêtu, ni la dignité et l'éclat d'un des premiers siéges de l'Eglise de France ne furent capables de lui faire oublier un instant le troupeau chéri qui avoit eu les prémices de son épiscopat. Il lui sembloit que sa jeunesse se seroit renouvelée comme celle de l'aigle s'il lui eût été donné de revoir dans son ancienne splendeur cette Eglise de Reims, si justement célèbre dans les fastes de notre histoire.

Maintenant qu'il n'est plus cet ancien d'Israël, la gloire du sacerdoce, l'honneur du corps épiscopal, pourroit-il désirer autre chose que de voir la plus précieuse partie de sa dépouille mortelle placée au milieu de ceux qu'il chérissoit si tendrement et à côté des restes vénérés de l'apôtre des Français ? Autant de glorieux monumens qui déjà rendent si célèbre cette ville toute royale elle en ajoute un nouveau qui l'emporte en quelque manière sur tous les autres, c'est le monument de l'amour le plus pur, qui attestera aux généra- tions futures que Reims a été assez heureuse pour mériter constamment l'honorable prédilection d'éminentissime et ré- vérendissime Monseigneur le cardinal de Talleyrand Périgord, *ancien archevêque de Reims*, archevêque de Paris, grand-aumônier, duc et pair de France, commandeur de l'ordre du Saint-Esprit, primicier du chapitre royal de Saint-Denis, etc.

Ce seroit sans doute, messieurs, le moment de vous rappeler les éminentes vertus de ce vénérable pontife, si déjà un de nos plus grands orateurs ne les avoit si justement et si dignement célébrées dans les chaires de la capitale ; je ne pourrois en être qu'un écho bien imparfait. Toutefois qu'il me soit permis de vous présenter ici quelques qualités de ce cœur si éminemment illustre, de ce cœur dont vous êtes maintenant les heureux possesseurs.

Si les talens de l'esprit excitent quelquefois l'admiration et commandent le respect, les qualités du cœur forment toujours les vrais amis, et attirent à la vertu par je ne sais quels charmes secrets dont il est presque impossible de se défendre. Le cardinal de Périgord, réunissant les uns et les autres dans le degré le plus éminent, ne pouvait donc qu'être chéri et vénéré de tous ceux qui le connoissoient ou qui avoient les moindres rapports avec lui.

Une politesse aimable, une piété tendre, une douceur inaltérable, une affabilité touchante, voilà ce qui formoit le fonds de son caractère, voilà quels étoient les précieux trésors cachés dans ce cœur dont on pouvoit dire en quelque sorte ce que le grand évêque de Constantinople disoit autrefois du cœur de Paul : *Cor Pauli cor Christi.*

Et en effet, messieurs, ce cœur n'étoit-il pas comme le sanctuaire de toutes les vertus ? La charité la plus ardente ne le dilatoit-elle pas sans cesse en faveur des malheureux ? Ne brûloit-il pas du désir le plus vif de secourir tous les genres d'infortune ? Ne formoit-il pas les vœux les plus ardens pour le bonheur et le salut de tous ? N'étoit-il pas déchiré par la douleur à la vue de la misère qu'il ne pouvoit secourir ?

N'étoit-il pas navré d'amertume lorsqu'il apprenoit le malheur auquel il ne pouvoit apporter de remède ? Ne pouvoit-il pas dire avec le docteur des nations : « Qui de vous souffre sans que je n'en sois moi-même profondément affligé ? Qui de vous est exposé à périr sans que je ne brûle du désir de le sauver ? *Quis infirmatur et ego non infirmor ? Quis scandalisatur et ego non uror ?* » Ne pouvoit-il pas ajouter encore avec le même apôtre : « La charité de Jésus-Christ me pousse continuelle-ment à travailler sans relâche à votre sanctification, en priant pour vous, et en élevant des mains suppliantes vers le ciel pour en faire descendre sur vous les plus riches et les plus abondantes bénédictions, *caritas Christi urget nos.* » En un mot, la charité de Jésus-Christ, la douceur de Jésus-Christ, la longanimité et la tendresse de Jésus-Christ n'étoient-elles pas passées dans le cœur de ce vénérable pontife. *Cor Alexan-dri cor Christi.*

Dès sa tendre enfance sa vertueuse mère, aussi distinguée par sa haute naissance que par son éminente piété, avoit eu soin de jeter dans son cœur les germes de toutes les vertus. Aussi, jeune encore le cardinal de Périgord porta toutes ses pensées et toutes ses affections vers les grands objets qui seuls en étoient dignes : *Dieu et la religion.* Qu'ils sont heureux les jeunes cœurs qui ne s'ouvrent ainsi aux premières impressions de l'amour divin que pour le faire croître en eux avec les années !

Une piété douce et sincère qui ne se démentit jamais, un goût particulier pour tout ce qui tenoit à la religion et à son culte, firent bientôt connoître les grandes destinées du jeune Talleyrand de Périgord. Certaine de sa vocation à l'état ecclé-siastique, sa pieuse mère ne balança pas à le placer, comme un autre Samuël, au nombre des lévites du sanctuaire pour y commencer la carrière qu'il devoit si glorieusement parcourir. A peine eut-il reçu l'onction sacerdotale que la réputation de ses talens et de ses vertus le fit nommer aumônier du Roi. Bientôt après Monseigneur de la Roche-Aymon, alors archevêque de Reims, le demanda à Louis XV pour son coadjuteur, quoiqu'il n'eût pas encore atteint sa trentième année.

Dès lors quelles douces espérances ne dut pas concevoir le troupeau fortuné qui alloit partager ses tendres sollicitudes, et dont il étoit destiné à devenir dans peu le premier pasteur ! Les qualités aimables qui formoient le fond de son caractère, sa douceur et sa politesse si naturelles ne tardèrent pas à lui gagner tous les cœurs. Devenu archevêque de Reims, malgré une santé foible et si fortement altérée que l'on craignoit beaucoup pour ses jours déjà si précieux, il ne mit plus de bornes à son zèle.

Ici, messieurs, n'attendez pas que j'entre dans tous les détails des bienfaits innombrables dont il a comblé et cette ville et tout ce vaste diocèse ; qu'il me suffise de vous rappeler les principaux traits de son éminente charité.

Il savoit que le salut de son peuple dépendoit en grande partie de la sainteté et de la pureté de la doctrine des prêtres qui, sous sa juridiction, devoient exercer les fonctions du saint ministère. Pour les former à ce double esprit de science et de piété il porte ses premiers soins sur les élèves du sanctuaire, auxquels il donne des maîtres habiles dans l'art d'instruire et par les préceptes et par les exemples. Aussi il eut la consolation de voir, en peu de temps, se former sous ses yeux un clergé respectable, que l'on distinguoit partout par la pureté de sa doctrine, ses qualités aimables et la noble politesse qu'il sembloit avoir apprise à l'école de son vénérable pontife.

Connoissant aussi la nécessité de former la première enfance à la piété, à la vertu et à la religion, avec quel soin ne protégeoit-il pas, n'encourageoit-il pas ces pieux frères des écoles chrétiennes, auxquels Reims se glorifiera toujours d'avoir donné naissance?

N'étoit-ce pas ce cœur, ardent et passionné pour tout ce qui pouvoit contribuer au bonheur de ceux que la Providence avoit confiés à ses soins, qui avoit établi ce mont-de-piété dont tous les prêts étoient gratuits? établissement si utile, et qui a prévenu la ruine d'une multitude de familles.

Et vous, habitans des campagnes de cette vaste province, ne vous souvient-il pas de sa tendre sollicitude, qui pourvoyoit non-seulement à tous vos besoins spirituels mais encore à tous vos besoins temporels? Pour prévenir ces incendies si funestes qui consumoient vos habitations et vous réduisoient à la dernière misère, combien de fois n'a-t-il pas procuré à vos humbles chaumières des matériaux moins accessibles à l'activité des flammes que le chaume qui les couvroit? Pour empêcher de funestes maladies qu'occasionnoient des eaux gâtées ou corrompues, n'avoit-il pas formé le dessein de faire creuser des puits partout où la nature l'auroit permis? Hélas! que de bienfaits les plus éclatans dans cette ville et dans toutes ces contrées nous attesteroient encore aujourd'hui sa sagesse et sa bonté, si des jours de crime et de malheurs n'en avoient arrêté le cours et ne les avoient détruits? Vous existeriez encore, édifice superbe qu'il avoit fait élever avec tant de soins pour devenir la résidence de ses successeurs. Vous embelliriez cette cité, collége magnifique dont il avoit jeté le plan sur le même dessin que celui de la Flèche où il avoit reçu sa première éducation. Vous feriez encore bien plus l'admiration des étrangers, basilique majestueuse dont il avoit préparé l'ornement, et dont le Roi martyr avoit non-seulement arrêté les plans, mais encore contribué à la dépense par une munificence vraiment digne de la majesté royale pour l'église des sacres. Mais à quoi bon rappeler les ruines et les malheurs de Sion ? pourquoi parler de ces jours affreux qu'il faudroit oublier à jamais pour l'honneur de la France, mais dont il faudroit toujours se souvenir pour la honte de l'impiété et pour la confusion et l'opprobre de la désastreuse philosophie.

Ce fut dans ces jours mauvais que l'archevêque de Reims, pour sauver sa foi et éviter la mort, se vit obligé de s'arracher à son troupeau chéri. Quelle dure séparation ! qui pourroit raconter tout ce qu'il en coûta à cette âme si tendre et si sensible ?

Forcé de chercher un asile dans une terre étrangère, il y va porter la bonne odeur de Jésus-Christ. Partisans du siècle, qui prétendez que la religion et la piété n'inspirent qu'un air sombre, que des manières dures et rebutantes, suivez notre vénérable pontife dans son exil, voyez-le se gagnant tous les cœurs par les charmes de ses aimables vertus. L'étranger ne le voit qu'en passant, et il ne peut s'empêcher de le chérir et de publier ses louanges. Un Anglais célèbre ne craignoit pas d'affirmer que l'archevêque de Reims étoit l'homme le plus respectable qu'il eût jamais connu. (*)

Arrivé dans la Belgique, notre digne prélat devient l'appui et le protecteur de tous les ecclésiastiques de la France qui s'y trouvent. Ici qui pourroit peindre la bonté si naturelle de son cœur pour tous ceux qui s'adressoient à lui ? Malgré la foiblesse de son tempérament il suffisoit à tout ; il consacroit son temps, ses veilles et ce qui lui restoit de force à secourir les malheureuses victimes de la fidélité à Dieu et au Roi.

O vous qui avez connu la bonté de son cœur, vous qui avez éprouvé jusqu'à quel point sa grande âme aimoit à faire

---

* M. Pitt.

le bien , dites-nous vous-même ce qu'étoit l'archevêque de Reims dans son exil !

Forcé de s'éloigner encore davantage d'une patrie qu'il ne cessa jamais de chérir , et dont les égaremens et les malheurs ne cessoient de déchirer son cœur, il traversa les différentes provinces de l'Allemagne, et, quoiqu'au milieu d'un peuple que l'erreur a séparé de nous, ses qualités et ses vertus lui gagnèrent toujours la même estime et la même vénération. Que ne nous est-il permis, messieurs, de le suivre dans tous les lieux de son glorieux exil ! à Brunswick, vous le verriez jouissant de toute la confiance des princes souverains ; qui se faisoient un honneur de l'admettre à leur table et de lui accorder leur propre palais pour sa résidence ; à Mittau nous vous le montrerions participant aux conseils les plus intimes de son Roi ; en Angleterre nous vous le ferions voir comme l'ange consolateur, l'ami fidèle de cette royale famille dont il étoit devenu le compagnon d'infortune ; partout vous eussiez vu le cardinal de Périgord commander la vénération et le respect, en même temps qu'il s'attachoit tous les cœurs. Partout vous l'eussiez vu présenter le plus beau modèle des vertus civiles et religieuses.

Lorsqu'il plut à la Providence de rendre la France à ses légitimes souverains, partageant toujours la bonne comme la mauvaise fortune du monarque, notre digne pontife rentra à la suite de son prince sur cette terre qui l'avoit vu naître. Dès ce moment, chargé par le Roi des affaires les plus importantes et les plus délicates, que d'efforts ne fit-il pas pour accélérer l'exécution de ce dernier concordat qui devoit rendre à tant d'églises désolées leurs premiers pasteurs ? Avec quels soins multipliés, quelle prudence consommée, quelle profonde sagesse, ne procéda-t-il pas au choix des nouveaux pontifes qui devoient conduire les Eglises de France ? Dès qu'il eut présenté au Roi le tableau des évêques qu'il jugeoit les plus dignes de l'approbation de Sa Majesté, le Roi lui déclara qu'il adoptoit, sur son seul témoignage, des choix dont le mérite lui offroit une garantie si honorable, et lui annonça en même temps qu'il ne se réservoit que la disposition d'un seul siége, l'archevêché de Paris, et en disant ces mots il écrivit de sa main le nom du cardinal de Périgord comme archevêque de Paris.

Le modeste prélat (c'est son digne ami, Monseigneur le cardinal de Beausset qui nous rapporte ce fait) le modeste prélat se sentit accablé à la pensée seule de se charger d'un tel fardeau, il représenta au Roi son âge déjà si avancé, ses infirmités croissantes ; tout fut inutile, le Roi fut inflexible, et en lui exprimant sa volonté invariable et absolue il lui dit que son ombre seule, comme celle de saint Pierre, suffiroit pour faire des miracles. Les faits ont prouvé que le Roi avoit bien jugé le cardinal de Périgord. Quel changement merveilleux n'a-t-il pas opéré dans cette immense capitale pendant le peu de jours qu'il en fut le premier pasteur ! Son grand âge et ses infirmités n'arrêtèrent pas un instant l'activité de son zèle ; c'est lui qui fit donner ces retraites ecclésiastiques où les ministres du sanctuaire vinrent se renouveler dans le véritable esprit du sacerdoce : nous l'avons vu ce vénérable pontife, pouvant à peine soutenir un corps usé par tant de glorieux travaux, venir lui-même tous les jours assister à ces saints exercices ; nous l'avons vu visiter les principales paroisses de Paris, y célébrer les saints mystères, et confirmer les fidèles dans la foi, autant par l'onction touchante de ses paroles et de sa sainte présence que par l'application des sacremens qu'il venoit dispenser ; nous l'avons vu visiter aussi ces établissemens pieux si multipliés dans la capitale, et, pour ne pas passer sous silence un de ses plus grands bienfaits, dont l'Eglise de France conservera toujours le souvenir, n'est-ce point à sa charité sans bornes que la France entière est redevable de ces missions saintes qui ont déjà changé et régénéré tant de villes et tant de provinces ? Il en étoit le protecteur et le soutien ; plus l'impiété s'acharnoit contre cette œuvre de Dieu, plus il faisoit d'efforts pour la consolider dans son établissement. O vous, fidèles habitans de Reims, si vous avez pu profiter l'année dernière du bienfait d'une mission, c'est le cardinal de Périgord et son digne successeur qui l'avoient appelée au milieu de vous.

C'est lui qui, pour la régénération du diocèse de Paris, ordonna cette visite pastorale qui vient de commencer avec tant de succès.

C'est lui qui par ses sollicitations obtint que cette basilique superbe, élevée par la piété de nos rois à la glorieuse patrone de Paris, fût rendue à sa première destination.

Comme grand-aumônier de France quel changement merveilleux n'opéra-t-il pas dans les corps militaires ? Vous le savez, messieurs, les malheurs des temps y avoient introduit la licence la plus effrénée, la religion y étoit oubliée, et je pourrois dire méprisée. Celui qui est appelé le Dieu des combats, et qui tient dans ses mains les victoires, n'étoit plus connu dans les camps d'Israël que pour y être outragé et blasphémé. Le cardinal de Périgord pouvoit en quelque sorte dire aux guerriers généreux dont il étoit devenu le pontife ce que disoit autrefois l'apôtre des Français à Clovis et à ses bataillons : « Adorez le Dieu dont vous avez renversé et brûlé les temples et les autels, et détruisez et brûlez ce que vous avez adoré, *adora quod incendisti, incende quod adorasti.* »

Pour former comme saint Remi une armée véritablement chrétienne, qui deviendroit une nouvelle légion fulminante, dont la valeur repousseroit avec un courage égal les ennemis du trône et de l'autel, il choisit parmi les ministres du sanctuaire ceux dont les talens et les vertus sont les plus propres à inspirer la confiance et le respect pour être placés dans les différens corps de nos armées. Dès lors de quels heureux résultats ne furent pas couronnés les efforts du grand-aumônier de France ? L'antique foi de nos pères reprit ses droits sur les cœurs de nos valeureux guerriers, et la religion, dont s'honoroient autrefois les Turenne et les Condé, fera encore de nos jours la gloire de nos plus vaillans capitaines.

Enfin après avoir porté partout une main réparatrice aux ruines du sanctuaire, après avoir vu l'enfant de bénédiction, l'espérance et la gloire de la France, après avoir donné à l'Eglise de Reims, objet de sa constante prédilection, un pontife vénérable, digne héritier de toutes ses éminentes vertus, chargé de mérites et d'années, il pouvoit bien dire avec le docteur des nations : « J'ai légitimement combattu, j'ai glorieusement terminé ma carrière, j'ai fidèlement conservé le précieux dépôt de la foi, il ne me reste plus qu'à recevoir la couronne de justice dont le juste juge doit bientôt me récompenser , *bonum certamen certavi, cursum consummavi, fidem servavi, in reliquo reposita est mihi corona justitiæ quam reddet mihi justus judex.* »

Vous l'avez reçue, nous aimons à le croire, vénérable pontife, cette couronne de justice et d'immortalité. Tant de travaux, tant de vertus, tant de bonnes œuvres, tant de glorieux mérites vous en ont sans doute assuré la possession.

Il n'est donc plus, messieurs, ce digne pasteur des âmes, ce patriarche de l'épiscopat, il n'est plus, il nous a quittés pour une vie meilleure ; mais je me trompe, si la France l'a perdu, du moins il existe encore pour l'Eglise de Reims dans la personne de son digne successeur, où vous trouverez sa tendre piété, sa foi vive, son ardente charité, sa douceur inaltérable, en un mot toutes ses vertus et toutes ses éminentes qualités.

Oui, messieurs, le cardinal de Périgord vous instruira encore, vous édifiera encore, vous parlera encore par celui qu'il a choisi lui-même pour le remplacer au milieu de vous; *defunctus adhuc loquitur.* Ainsi donc aujourd'hui que nous venons de rappeler des souvenirs douloureux n'avons-nous pas quelques sujets de concevoir pour l'avenir de glorieuses espérances? Serions-nous donc destinés à pleurer toujours sur les ruines et les malheurs de Sion!

O ville antique et si justement célèbre, toi qu'un des plus grands docteurs de l'Eglise se plaisoit à appeler du glorieux nom de Cité Sainte, sors de ton deuil, lève-toi, et sois toute brillante de gloire. *Surge, illuminare, Jerusalem.* Le temps de ta captivité est passé, ton trop long et trop pénible veuvage est terminé, revêts ton ancienne gloire, et brille d'un éclat nouveau. *Surge, etc.* Un vénérable pontife est accordé à tes désirs ; le cœur de celui qui t'aimoit est rentré dans ton sein, tu possèdes encore le baume mystérieux qui sert à l'onction des rois ; sors de l'obscurité dans laquelle les ennemis d'Israël avoient voulu t'ensevelir; reparois toute brillante de vertu et de sainteté. *Surge, illuminare, Jerusalem.* Et toi, temple majestueux, tout plein de glorieux souvenirs, monument digne de la piété et de la foi de nos pères, tu verras encore, osons du moins l'espérer, tu verras les fils de saint Louis venir dans tes murs recevoir l'onction royale, et ajouter encore à ta gloire par la continuation de ce privilége auguste dont depuis tant de siècles tu peux seul te glorifier.

Et vous tous, chrétiens, qui que vous soyez, sous la sage conduite de votre premier pasteur, sous la paternelle administration des respectables magistrats que le monarque a choisis

pour le représenter au milieu de vous ; par votre attache-
ment inviolable à la religion et au Roi vous consolerez l'église
de Reims de ses longues douleurs, et l'on reverra dans ses
enfans la piété des pères avec leurs antiques vertus.

Et vous, illustre pontife, que nous aimons maintenant à
nous représenter dans la gloire, de concert avec tous vos
saints prédécesseurs, vous nous obtiendrez ce bienfait qui
mettra le comble à notre bonheur, en nous méritant de
partager un jour avec vous les récompenses incorruptibles
et éternelles.